D1146859

Savoir préparer
LES POISSONS
Nouvelles Recettes

Savoir préparer
LES POISSONS
Nouvelles Recettes

Recettes : **PATRICE DARD**
Photos   : **JEAN-FRANÇOIS AMANN**

Idées Recettes

Recettes : PATRICE DARD
Photographies : JEAN-FRANÇOIS AMMAN

N° ISBN 2-86721-140-9

Dépôt légal 4ᵉ trimestre 1990

Diffusion exclusive en France :
Comptoir du Livre à Paris

Index alphabétique des recettes

SAVOIR PREPARER LES POISSONS
(Nouvelles Recettes)

Effectivement ! Les plus fidèles de nos lecteurs l'auront aussitôt remarqué : cet ouvrage est bien le quatrième consacré aux poissons dans la collection IDÉES RECETTES !

Cela ne signifie pas que nos cuisiniers sont à court d'imagination, mais tout simplement que la cuisine liée aux poissons est de plus en plus prisée et demandée.

Ne nous leurrons pas, l'aspect gastronomique n'est pas seul en cause dans cet engouement ! Mais nous commençons tous à apprendre, par les médias spécialisés ou plus simplement par la presse quotidienne, que les poissons sont nos meilleurs alliés alimentaires dans la lutte contre le cholestérol, tant par le fait que les graisses qu'ils contiennent ne sont pas dangereuses, que parce qu'elles participent à l'élimination des mauvaises graisses.

Que penser alors du poisson lorsque nous apprenons que les plus récentes études américaines tendent à le considérer comme un produit alimentaire susceptible de lutter contre l'oxydation des cellules, donc contre le vieillissement humain ? On se prend à rêver !

Mais en attendant que les savants nous promettent l'éternité, accordons-nous le plus véniel des péchés de gourmandise : celui qui se rattache à l'amour des poissons.

Voici donc de nouvelles et succulentes recettes que nous pourrons savourer (presque) impunément...

SAUMON ET CONCOMBRE EN SALADE

Pelez le concombre. Coupez le en tranches très fines. Mettez-les dans une écumoire et saupoudrez-les de gros sel. Laissez dégorger 30 mn.

Passez-les sous l'eau froide et séchez-les dans du papier absorbant.

Préparez la sauce en mélangeant la crème fraîche, le jus de citron, l'aneth ciselé et le poivre.

Disposez les rondelles de concombre en couronne dans un plat de service. Nappez-les de la sauce.

Chiffonnez les tranches de saumon au milieu.

Vous pouvez préparer cette recette avec du saumon frais et cru émincé en tranches très fines, en remplacement du saumon fumé. Dans ce cas, salez un peu la sauce.

SAUMON ET CONCOMBRE EN SALADE

Pour 6 personnes :
Préparation : 10 mn
Ingrédients :
6 tranches de saumon fumé
1 beau concombre
150 g de crème fraîche
Le jus d'un 1/2 citron
Aneth, poivre

Le saumon et concombre en salade : recette très simple à réaliser en 10 mn.

SAUMON MARINÉ A L'ANETH

Levez les filets de saumon.

Mélangez sel, sucre et poivre.

Frottez un filet (côté charnu), avec le mélange sucre, sel, poivre et parsemez d'aneth.

Disposez le filet dans un plat et superposez l'autre filet, chair contre chair, mais tête bêche.

Parsemez d'un peu d'aneth et conservez au frais pendant 2 jours. Retournez les filets (ensemble) 4 fois pendant ce temps et arrosez avec la marinade qui se forme.

Le saumon ainsi mariné se conserve 4 à 5 jours au réfrigérateur.

Les Nordiques, inventeurs de ce procédé de marinage à sec, appellent gravelax ou gravelaks cette succulente recette.

Ils tranchent le saumon mariné comme du saumon fumé et le dégustent avec de la crème et des pommes de terre en robe des champs.

Une exquise et amusante idée pour un dîner de copain !

Vous pouvez remplacer le saumon par de la truite de mer, moins coûteuse, et à défaut d'aneth, une autre herbe aromatique, basilic ou cerfeuil, fera l'affaire...

SAUMON MARINÉ
A L'ANETH

Pour 8/10 personnes :
Préparation : 20 mn - Marinade : 2 jours
Ingrédients :
1 saumon de 1 kg 500
50 g de sel marin
50 g de sucre
2 cuillers à café de poivre du moulin
Aneth frais

Saumon mariné à l'aneth : recette simple à réaliser en 20 mn.

SAUMON UNILATÉRAL

Huilez légèrement une poêle anti-adhésive.

Disposez dessus les escalopes de saumon côté peau.

Faites cuire environ 20 mn à feu très doux, sans retourner le poisson et sans couvrir la poêle.

Le poisson doit être servi quand il reste encore un 1/2 cm de poisson cru sur le dessus et que l'escalope offre un appétissant dégradé de cuisson de bas en haut.

Poivrez et parsemez de gros sel et servez ainsi nature.

La peau du poisson, croustillante, est délicieuse !

Merveilleuse recette nordique que nous ne cessons de recommander, car elle est la plus délicate façon de valoriser un saumon de qualité.

———————

SAUMON
UNILATÉRAL

Pour 4 personnes :
Préparation : 5 mn
Cuisson : 20 mn
Ingrédients :
4 escalopes de saumon épaisses,
(avec la peau)
Gros sel, poivre du moulin

Saumon unilatéral : recette très simple à réaliser en 25 mn.

DARNES DE SAUMON A LA PROVENÇALE

Préchauffez le four à 120° (th-4).

Assaisonnez les darnes de saumon avec la coriandre, sel et poivre.

Emincez le poivron et les échalotes.

Coupez les tomates en quartiers, écrasez l'ail.

Dans une poêle, faites chauffer 1 cuiller à soupe d'huile d'olive Lesieur et faites cuire le saumon 4 mn de chaque côté.

Disposez les darnes sur un plat de service et conservez-les au chaud au four.

Dans la poêle, chauffez le reste d'huile d'olive Lesieur, ajoutez les tomates, salez et poivrez. Faites cuire 2 mn. Ajoutez l'ail, les échalotes, le poivron, continuez la cuisson 5 mn.

Versez le jus d'un 1/2 citron. Rectifiez l'assaisonnement.

Retirez le poisson du four et versez le mélange dessus.

Servez vite ce succulent plat, aussi prestigieux que délicat et qui, finalement, ne revient pas aussi cher qu'on pourrait le penser.

DARNES DE SAUMON À LA PROVENÇALE

Pour 4 personnes :
Préparation : 15 mn
Cuisson : 15 mn
Ingrédients :
4 darnes de saumon
2 grosses tomates
2 gousses d'ail
2 échalotes
1 poivron vert
20 graines de coriandre
1/2 jus de citron
2 cuillers à soupe d'huile d'olive Lesieur
Sel et poivre

Darnes de saumon à la provençale : recette simple à réaliser en 30 mn.

TARTARE DE SAUMON

Hachez au couteau finement la chair de saumon, les crevettes et les anchois.

Hachez aussi les herbes et les condiments.

Mélangez le tout, ajoutez les jaunes d'œufs, le vinaigre, l'huile d'olive Lesieur et le Tabasco. Salez éventuellement.

Formez en boule dans un bol et conservez au réfrigérateur jusqu'au moment de servir.

Déguster sur des tranches de pain de campagne grillées et tartinées de beurre salé.

L'un des combles du raffinement, qui saura séduire même ceux qui ont a priori une prévention contre le poisson cru...

TARTARE DE SAUMON

Pour 6 personnes :
Préparation : 30 mn
Ingrédients :
600 g de filets de saumon
18 crevettes décortiquées
6 filets d'anchois
2 jaunes d'œufs
2 cornichons
12 câpres
5 cuillers à soupe d'huile d'olive Lesieur
3 gouttes de Tabasco
1 cuiller à soupe de vinaigre de Xérès
Persil, ciboulette
Sel, si besoin (attention aux anchois !)

Le Tartare de saumon : recette très simple à réaliser en 30 mn.

TOURNEDOS DE SAUMON AU NATUREL

Faites retirer la peau et l'arête centrale du morceau de saumon par votre poissonnier.

Avec une pince à épiler, retirez aussi les arêtes qui affleurent à la surface de la chair et que l'on sent en passant le bout du doigt tout le long des filets.

Cette opération terminée, roulez le morceau de saumon dans une barde et ficelez-le comme vous le feriez d'un rôti.

Tranchez alors en 4 beaux tournedos.

Cuisez ces tournedos de saumon 4 mn sur chaque face, à feu vif, dans une poêle anti-adhésive, sans matière grasse.

Servez aussitôt, simplement parsemés de cerfeuil haché, de gros sel et de poivre du moulin et arrosés d'un filet de jus de citron vert.

Somptueux dans la simplicité et le naturel !

TOURNEDOS DE SAUMON AU NATUREL

Pour 4 personnes :
Préparation : 30 mn
Cuisson : 8 mn
Ingrédients :
800 g de saumon en un seul gros tronçon
1 barde de lard
2 citrons verts
1 bouquet de cerfeuil
Gros sel et poivre du moulin

Les tournedos de saumon au naturel : recette assez simple
à réaliser en 38 mn.

TRUITES AUX RAISINS

Coupez les truites le long du dos en commençant par la tête.

Coupez de chaque côté de l'arête centrale et retirez-la.

Enlevez les nageoires. Salez, poivrez et trempez les truites dans le lait, puis dans la farine.

Dans une poêle, faites chauffer l'huile et ajoutez les poissons ; faites cuire 12 mn.

Disposez les truites sur un plat de service chaud.

Ajoutez le beurre dans la poêle, faites-le fondre et versez dessus les échalotes hachées et le persil. Faites cuire 2 mn.

Ajoutez les grains de raisin et le 1/2 jus de citron. Poursuivez la cuisson 3 mn. Salez et poivrez.

Versez sur les truites et servez aussitôt.

Si l'opération consistant à retirer l'arête centrale vous semble au-dessus de vos moyens, dispensez-vous en et chacun en sera quitte pour la retirer au moment de déguster.

———————

TRUITES AUX RAISINS

Pour 4 personnes :
Préparation : 30 mn
Cuisson : 17 mn
Ingrédients :
4 truites
1 verre de lait
75 g de farine de blé
2 cuillers à soupe d'huile
20 g de beurre
2 échalotes
150 g de raisins blancs
150 g de raisins noirs
Un 1/2 jus de citron
Sel, poivre, persil haché

Les truites aux raisins : recette simple à réaliser en 47 mn.

FILETS DE MERLAN EN PAPILLOTE

Epluchez et lavez les carottes, râpez-les.

Faites-les revenir dans 15 g de beurre pendant 5 mn. Salez et poivrez.

Nettoyez les champignons, coupez-les en fines lamelles. Faites-les revenir dans 15 g de beurre pendant 5 mn. Salez et poivrez.

Préchauffez le four à 210° (th-7).

Préparez 6 feuilles d'aluminium.

Au centre de chacune étalez 1 cuiller à café de crème, 1 cuiller à soupe de carottes râpées et une de champignons.

Placez 2 filets de poisson sur ce lit de légumes.

Parsemez d'échalote hachée ; ajoutez une rondelle de citron et quelques feuilles d'estragon.

Arrosez avec 2 cuillers à soupe de vin blanc. Salez et poivrez.

Fermez hermétiquement la papillote. Disposez-la dans un plat allant au four et faites cuire à four chaud 5 mn.

Quel régal lorsque chacun ouvre, à table, son odorante papillote !

———————

FILETS DE MERLAN EN PAPILLOTE

Pour 6 personnes :
Préparation : 20 mn
Cuisson : 15 mn
Ingrédients :
12 petits filets de merlan
2 carottes
200 g de champignons
2 verres de vin blanc
3 échalotes
6 cuillers à café de crème fraîche
6 noisettes de beurre
6 rondelles de citron
30 g de beurre
Sel, poivre, estragon

Les filets de merlan en papillote : recette très simple à réaliser en 35 mn.

PETITES GALETTES DE MERLAN

Avec une fourchette, écrasez la chair de merlan.

Dans un saladier, mélangez le poisson, les œufs, la chapelure, la moutarde, la sauce Worcester, le citron, le persil, sel et poivre.

Quand tous les ingrédients sont bien amalgamés, avec la paume de la main formez des petites galettes.

Faites frire ces galettes 6 mn à la grande friture.

Egouttez-les sur du papier absorbant et servez.

Economique et délicieux, ce plat peut, accompagné d'une bonne salade, constituer un repas complet.

PETITES GALETTES DE MERLAN

Pour 4/5 personnes :
Préparation : 25 mn
Cuisson : 6 mn
Ingrédients :
500 g de filets de merlan
2 œufs
250 g de chapelure
1 cuiller à soupe de moutarde forte
1 cuiller à soupe de sauce Worcester
Un 1/2 jus de citron
Sel, poivre, persil haché

Les petites galettes de merlan : recette simple à réaliser en 31 mn.

MAQUEREAUX AUX ÉCHALOTES

Videz les maquereaux.

Faites de petites incisions sur le dos des poissons. Coupez les nageoires.

Salez, poivrez l'intérieur et badigeonnez avec de l'huile. Arrosez avec du jus de citron. Ajoutez du persil, du fenouil et de l'échalote hachée dans les poissons.

Ficelez chaque maquereau.

Dans une poêle, faites chauffer 1 cuiller d'huile et faites cuire les poissons 7 mn de chaque côté.

Pendant ce temps, préparez la sauce. Pour cela faites fondre le beurre dans une poêle et ajoutez 1 échalote hachée, du persil haché, un 1/2 jus de citron, sel, poivre et laissez cuire 6 mn.

Versez cette sauce sur les maquereaux juste au moment de servir.

Pour cette recette, choisissez de préférence de gros maquereaux de ligne, bien charnus, tendres et savoureux.

MAQUEREAUX
AUX ÉCHALOTES

Pour 2 personnes :
Préparation : 20 mn
Cuisson : 20 mn
Ingrédients :
2 maquereaux
4 échalotes
Le jus de 2 citrons
2 cuillers à soupe d'huile
40 g de beurre
Persil, grains de fenouil
Sel, poivre

Les maquereaux aux échalotes : recette simple à réaliser en 40 mn.

MAQUEREAUX A LA MOUTARDE

Préparez le court bouillon.

Pochez 15 mn les maquereaux dans ce court-bouillon.

Pendant ce temps, préparez la sauce. Pour cela délayez les jaunes d'œufs avec la moutarde et le vinaigre. Ajoutez les fines herbes, le sel, le poivre. Incorporez lentement le beurre en fouettant. La sauce doit avoir la consistance d'une mayonnaise.

Levez les filets des maquereaux.

Dressez-les sur un plat de service et nappez avec la sauce.

Quelques pommes de terre à la vapeur accompagneront agréablement ce plat rustique et haut en saveur.

MAQUEREAUX
A LA MOUTARDE

Pour 4 personnes :
Préparation : 15 mn
Cuisson : 15 mn
Ingrédients :
4 maquereaux
2 jaunes d'œufs
1 cuiller à soupe de moutarde forte
1 cuiller à café de vinaigre
75 g de beurre fondu
1 sachet de court-bouillon
Fines herbes
(persil, ciboulette, cerfeuil)
Sel et poivre

Les maquereaux à la moutarde : recette simple à réaliser en 30 mn.

MAQUEREAUX AUX POMMES

Epluchez et coupez les pommes en morceaux.

Faites-les cuire en compote pendant 20 mn avec une pincée de 4 épices et du sel.

Videz et lavez les maquereaux.

Préchauffez le four à 180° (th-6).

Salez et poivrez les maquereaux.

Farcissez-les d'un peu de compote.

Disposez-les dans un plat à gratin beurré. Recouvrez de compote.

Couvrez le plat avec une feuille de papier d'aluminium et enfournez pour 20 mn.

Servez dans le plat de cuisson, et dégustez vite cette recette qui prouve que le maquereau est bien le plus éclectique des poissons puisqu'il s'accommode même d'une saveur sucrée...

MAQUEREAUX
AUX POMMES

Pour 4 personnes :
Préparation : 20 mn
Cuisson : 40 mn
Ingrédients :
4 maquereaux
1 kg de pommes
2 pincées de 4 épices
Sel et poivre

Les maquereaux aux pommes : recette très simple à réaliser
en 60 mn.

HARENGS MARINÉS

Nettoyez et étêtez les harengs que vous choisirez de préférence pas trop gros et sensiblement tous de même calibre.

Disposez-les dans une terrine, couche par couche et en recouvrant chaque couche de gros sel. Laissez mariner ainsi 24 heures.

A ce moment, lavez les poissons et levez-en les filets. Essuyez-les et étalez-les dans une terrine propre.

Dans une casserole, faites bouillir ensemble le vin blanc et le vinaigre, avec carottes et oignons émincés, bouquet garni, clous de girofle et grains de poivre. Laissez cuire 20 mn à frémissement.

Versez alors cette marinade bouillante sur les filets de harengs. Ajoutez le brin d'estragon et laissez refroidir. Conservez au frais, terrine couverte.

Ces succulents harengs marinés se dégustent par exemple avec une salade de mâche et d'endives aux noix et à la pomme. Ou tout simplement avec une tartine de pain de campagne grillée et arrosée d'un filet d'huile d'olive Lesieur.

HARENGS MARINÉS

Pour 8 personnes :
Préparation : 30 mn - Marinage : 24 h
Cuisson : 20 mn
Ingrédients :
1,5 kg de harengs frais
2 carottes
3 oignons, 3 clous de girofle
1 bouquet garni, 1 branche d'estragon
150 g de gros sel
1 cuillerée à café de poivre en grains
40 cl de vinaigre de vin blanc
1 bouteille de vin blanc sec

Les harengs marinés : recette simple à réaliser en 50 mm.

HARENGS ROULÉS EN AMUSE-GUEULE

Mélangez sel, sucre et poivre.

Recouvrez les filets de harengs de ce mélange et laissez mariner 48 heures au frais, en retournant les filets de temps à autre dans la marinade qui se sera formée.

A ce moment-là, égouttez les filets de harengs. Essuyez-les et coupez-les en lanières obliques d'environ 2 cm de largeur.

Entourez différents pickles (petits oignons, carottes en rondelles, aubergines tranchées, morceaux de poivrons, etc.) de lanières de hareng, et piquez avec un cure-dent pour maintenir.

Proposez à l'apéritif, avec une tasse de sauce tartare dans laquelle chacun trempera la roulade de son choix.

Amusant, savoureux et économique, cet amuse-gueule, en outre, ne coupe pas l'appétit.

HARENGS ROULÉS
EN AMUSE-GUEULE

Pour 6 personnes :
Préparation : 30 mn
Marinage : 2 jours
Ingrédients :
1 kg de filets de harengs frais
50 g de sel fin
50 g de sucre en poudre
1/2 cuillerée à café de poivre blanc en poudre
1 pot de pickles (légumes assortis au vinaigre)
Sauce tartare (mayonnaise aux câpres,
cornichons et fines herbes)

Les harengs roulés en amuse-gueule : recette très simple à
réaliser en 30 mn.

ENCORNETS ET BAR AU SAFRAN

Faites un court-bouillon avec le vin blanc, l'eau et 1 échalote.

Nettoyez les encornets, découpez-les en rondelles.

Faites-les cuire 20 mn dans le court-bouillon.

Découpez le filet de bar en goujonnettes, c'est-à-dire en lanières obliques.

Dans une poêle, faites fondre la moitié du beurre et faites sauter 2 mn les goujonnettes avec une échalote hachée.

Faites un beurre manié en malaxant ensemble le reste du beurre et la farine.

Dans une casserole, mélangez la crème et le lait. Ajoutez le safran, sel et poivre. Portez à ébullition et ajoutez le beurre manié pour lier la sauce.

Disposez les goujonnettes de bar dans des assiettes creuses.

Couvrez avec la sauce et garnissez le centre avec les rondelles d'encornets.

Délicieuse recette méridionale que l'on nomme "loup aux suppions". Et l'on y rajoute de l'ail ! Libre à vous, si le cœur vous en dit...

ENCORNETS ET BAR AU SAFRAN

Pour 4 personnes :
Préparation : 30 mn
Cuisson : 22 mn
Ingrédients :
500 g de bar en filets
500 g d'encornets
1 verre de lait, 150 g de crème
1/2 cuillerée à café de safran
1 verre de vin blanc, 2 verres d'eau
2 échalotes, 30 g de beurre
10 g de farine
Sel et poivre

Les encornets et bar au safran : recette assez simple à réaliser en 52 mn.

DAURADE AU CITRON

Faites vider la daurade par votre poissonnier.

Préchauffez le four à 180° (th-6).

Faites 2 à 3 incisions sur chaque côté du poisson. Arrosez l'intérieur et l'extérieur de jus de citron. Salez et poivrez.

Epluchez et coupez les pommes de terre en rondelles.

Mettez le poisson dans un plat à gratin huilé.

Entourez-le de pommes de terres salées copieusement.

Arrosez d'huile d'olive Lesieur et de jus de citron. Saupoudrez d'origan. Couvrez d'une feuille de papier d'aluminium.

Mettez au four pour 30 mn.

Enlevez le couvercle et continuez la cuisson au four pendant 10 mn.

Ce plat, cher aux marins de la région de Gênes, est aussi simple à préparer que délicieusement rustique à dévorer !

DAURADE AU CITRON

Pour 4 personnes :
Préparation : 15 mn
Cuisson : 40 mn
Ingrédients :
1 daurade de 1,2 kg environ
3 jus de citron
500 g de pommes de terre
3 cuillers à soupe d'huile d'olive Lesieur
Origan, sel et poivre

La daurade au citron : recette simple à réaliser en 55 mn.

"LISKABES" DE GRONDINS

Faites vider et écailler les grondins par votre poissonnier.

Lavez-les et farinez-les.

Dans une poêle, faites chauffer l'huile d'olive Lesieur et mettez à cuire les poissons 3 mn de chaque côté.

Disposez-les sur un plat et gardez-les au chaud.

Filtrez 4 cuillers à soupe d'huile de cuisson.

Dans une casserole, faites bouillir le vinaigre avec la menthe, ajoutez l'huile filtrée et versez bouillant sur les rougets. Salez et poivrez. Parsemez le persil haché.

Ce plat se déguste aussi bien chaud que froid.

Cette recette est une interprétation d'un plat seychellois, lui-même sans doute influencé par le passage des navigateurs portugais.

Délicieux avec des rougets grondins, ce "Liskabes" (entendez par-là "escabèche") est encore plus savoureux avec des rougets barbets ; mais plus coûteux aussi !

———

"LISKABES" DE GRONDINS

Pour 4 personnes :
Préparation : 20 mn
Cuisson : 6 mn
Ingrédients :
8 rougets grondins pas trop gros
1 dl de vinaigre d'estragon
100 g de menthe fraîche
60 g de farine de blé
Un 1/2 l d'huile d'olive Lesieur
Sel, poivre et persil

"Liskabes" de grondins : recette simple à réaliser en 26 mn.

SOLES AU CIDRE

Préchauffez le four à 210° (th-7).

Epluchez et coupez les pommes en rondelles.

Disposez les soles au fond d'un plat beurré.

Salez et poivrez, recouvrez avec les pommes et versez le cidre.

Enfournez pour 15 mn.

Retirez les poissons et les pommes. Gardez au chaud. Faites réduire le jus de cuisson des 3/4 et ajoutez le beurre pour lier.

Levez les filets de soles, dressez-les sur les assiettes.

Recouvrez avec les pommes et nappez de sauce.

Pour un repas de fête, vous pourrez également flamber les filets de sole avec un vieux Calvados juste avant de les servir.

SOLES AU CIDRE

Pour 4 personnes :
Préparation : 20 mn
Cuisson : 15 mn
Ingrédients :
4 soles préparées par le poissonnier
Un 1/2 l de cidre sec
4 pommes
50 g de beurre
Sel et poivre

Les soles au cidre : recette simple à réaliser en 35 mn.

"PAUPIETTES" DE SOLE

Lavez et émincez les champignons.

Roulez les filets de sole sur eux-mêmes et disposez-les dans une poêle avec l'échalote hachée, le jus de citron, le vin blanc, l'eau, sel et poivre. Couvrez la poêle et portez à ébullition.

Retirez la poêle du feu et laissez les filets de sole dans le liquide 5 mn.

Otez les filets du liquide et disposez-les sur un plat de service chaud. Gardez le liquide de côté.

Dans une poêle, faites fondre le beurre. Ajoutez les champignons, le persil, sel et poivre. Faites cuire 7 mn.

Pendant ce temps, faites réduire le liquide de cuisson du poisson.

Quand il est réduit des 2/3, versez-le sur les champignons. Ajoutez la crème fraîche.

Rectifiez l'assaisonnement et versez cette sauce sur le poisson.

Un peu d'habileté culinaire est certes nécessaire pour coordonner à la perfection les différentes et rapides étapes de cette recette, mais le résultat vous vaudra la réputation de cordon-bleu "3 étoiles" !

———

"PAUPIETTES"
DE SOLE

Pour 4 personnes :
Préparation : 15 mn
Cuisson : 15 mn
Ingrédients :
8 filets de sole
1 verre de vin blanc sec
1/2 verre d'eau
1/2 jus de citron
1 échalote
20 g de beurre
250 g de champignons
2 cuillers à soupe de crème fraîche
Persil, sel, poivre

Les "Paupiettes" de sole : recette cordon-bleu à réaliser en
30 mn.

FILETS DE SOLES FRITS

Coupez chaque filet en biais en trois grosses lanières.

Salez-les et poivrez-les.

Battez les œufs avec l'huile.

Trempez chaque lanière de poisson dans la farine, puis l'œuf et ensuite la chapelure.

Plongez-les dans une huile de friture bien chaude.

Laissez cuire environ 5 mn. Il faut que les filets de poissons soient bien dorés.

Tous les filets de poisson un peu fermes peuvent être préparés de cette manière. En général on sert ce plat avec une sauce tartare qui est en fait une mayonnaise additionnée d'herbes, de câpres, de cornichon, d'oignon et d'œuf dur, le tout grossièrement haché.

―――――――――

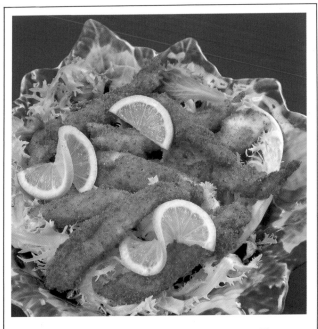

FILETS DE SOLES FRITS

Pour 4 personnes :
Préparation : 10 mn
Cuisson : 5 mn
Ingrédients :
8 filets de sole
2 œufs
1 cuiller à soupe d'huile
100 g de farine de blé
200 g de chapelure
Sel et poivre

Les filets de soles frits : recette très simple à réaliser en 15 mn.

FILETS DE LIMANDES AU BASILIC

Préchauffez le four à 240° (th-8).

Hachez finement les échalotes.

Disposez les filets de poissons dans un plat à gratin huilé. Arrosez-les avec le vin blanc, l'huile d'olive Lesieur, salez poivrez et parsemez d'échalote hachée.

Enfournez pour 10 mn.

Pendant ce temps, hachez le basilic, mélangez avec la crème, salez et poivrez.

Versez sur le poisson et remettez au four pour 2 mn.

Lors d'une grande occasion, exécutez cette recette avec des filets de soles. Dans ce cas allongez légèrement le temps de cuisson car les filets de soles sont généralement plus épais que ceux de limandes.

FILETS DE LIMANDES AU BASILIC

Pour 4 personnes :
Préparation : 10 mn
Cuisson : 12 mn
Ingrédients :
12 filets de limandes
150 g de crème fraîche
3 échalotes
2 cuillers à soupe d'huile d'olive Lesieur
1 verre de vin blanc sec
Sel, poivre et basilic

Les filets de limandes au basilic : recette très simple à réaliser en 22 mn.

LIMANDES AU SOJA

Préparez une marinade avec la moitié du soja et de la cassonade, l'ail écrasé et l'eau.

Faites macérer les poissons pendant 1 heure dans cette marinade.

Préchauffez le gril du four.

Faites griller les poissons 10 mn de chaque côté en les arrosant souvent de marinade.

Pendant ce temps, écrasez les piments dans le jus de citron, avec le reste de soja et de cassonade.

Quand le poisson est cuit, dressez sur le plat de service. Ajoutez le beurre dessus et versez la sauce.

Cette extraordinaire recette d'inspiration chinoise s'accompagne à merveille de germes de soja sautés à la poêle et d'un simple riz nature.

LIMANDES AU SOJA

Pour 2 personnes :
Préparation : 10 mn - Marinade : 1 h
Cuisson : 20 mn
Ingrédients :
2 limandes (préparées par le poissonnier)
4 cuillers à soupe de sauce soja
2 cuillers à soupe de cassonade (sucre roux)
3 gousses d'ail
20 g de beurre
2 cuillers à soupe d'eau
3 piments oiseau
1/2 jus de citron

Les limandes au soja : recette simple à réaliser en 30 mn.

CARRELET AU RAIFORT

Préchauffez le four à 210° (th-7).

Salez et arrosez les filets de poisson de vinaigre.

Placez-les dans un plat allant au four et parsemez de petits morceaux de beurre.

Faites cuire 10 mn au four.

Pendant ce temps, mélangez le raifort et la crème fraîche.

Versez cette sauce sur le poisson et laissez cuire encore 10 mn.

Rectifiez l'assaisonnement en sel, mais attention au poivre car le raifort est déjà très agressif.

Vous pourrez accompagner ce plat de haute saveur avec des concombres en lanières à la vapeur et un émincé de radis roses qui s'harmoniseront parfaitement avec le goût du raifort, tout en absorbant le piquant.

CARRELET
AU RAIFORT

Pour 4 personnes :
Préparation : 10 mn
Cuisson : 20 mn
Ingrédients :
800 g de carrelet en filets
1 cuiller à café de vinaigre
30 g de beurre
2 cuillers à soupe de purée de raifort
150 g de crème fraîche
Sel

Le carrelet au raifort : recette très simple à réaliser en 30 mn.

TURBOT AU GRATIN

Nettoyez et lavez les champignons.

Préchauffez le four à 210° (th-7).

Dans une sauteuse, mettez le poisson, les champignons, l'eau, le vin, l'échalote, le jus de citron, sel et poivre.

Couvrez et portez à ébullition. Faites cuire 2 mn.

Retournez le poisson, couvrez à nouveau et faites cuire 3 mn.

Disposez le filet de turbot dans un plat allant au four.

Remettez la sauteuse sur feu vif et ajoutez un beurre manié (mélange de farine et de beurre), pour épaissir le jus de cuisson.

Versez cette sauce sur le poisson, saupoudrez de paprika.

Disposez des lamelles de mozzarella sur le poisson et enfournez pour gratiner pendant 10 mn.

Parsemez de persil avant de servir.

A défaut de mozzarella, fromage de lait de buflonne fabriqué en Campanie (région de Naples, en Italie), vous pourrez utiliser du gruyère râpé. Tant pis pour le folklore et la couleur locale !

TURBOT AU GRATIN

Pour 4 personnes :
Préparation : 15 mn
Cuisson : 15 mn
Ingrédients :
4 filets de turbot
200 g de champignons
1 échalote
1/2 jus de citron
1/2 verre d'eau
1/2 verre de vin blanc sec
20 g de beurre
20 g de farine
1 pincée de paprika
150 g de mozzarella
Sel, poivre, persil

Le turbot au gratin : recette cordon-bleu à réaliser en 30 mn.

TURBOT CRU AU PAMPLEMOUSSE

Emincez le filet du turbot en très fines lamelles.

Etalez ces lamelles dans les assiettes de services préalablement placées au freezer.

Salez et poivrez, aspergez-les d'un peu de vinaigre.

Découpez le pamplemousse, enlevez toute la peau des quartiers.

Décorez le centre de chaque assiette d'une rosace de pamplemousse rouge.

Parsemez de ciboulette et savourez, juste nappé d'un filet d'huile d'olive Lesieur.

Succulente recette inspirée des maîtres ès-poisson cru que sont les Japonais et qui enchantera tous les palais raffinés !

Pour rendre ce plat en peu moins onéreux, vous pouvez remplacer le turbot par de la barbue.

TURBOT CRU
AU PAMPLEMOUSSE

Pour 4 personnes :
Préparation : 15 mn
Ingrédients :
500 g de turbot frais
1 pamplemousse rouge (ruby star)
2 cuillers à soupe de vinaigre de Xérès
2 cuillers à soupe de ciboulette hachée
Sel et poivre
Huile d'olive Lesieur

Le turbot cru au pamplemousse : recette très simple à réaliser en 15 mn.

LOTTE AU CURRY

Coupez la lotte en gros morceaux.

Epluchez et hachez l'ail et l'oignon.

Dans une cocotte, faites chauffer l'huile d'olive Lesieur et le beurre. Faites dorer le poisson, l'ail et l'oignon.

Saupoudrez de farine, mouillez avec le vin blanc. Assaisonnez de sel, de poivre et de curry.

Couvrez et laissez cuire 15 mn à feu doux.

Parsemez de persil au moment de servir.

Un plat de riz à l'indienne complètera cette succulente recette... à l'indienne.

LOTTE AU CURRY

Pour 4 personnes :
Préparation : 10 mn
Cuisson : 15 mn
Ingrédients :
1 kg de lotte
3 gousses d'ail
1 oignon
30 g de beurre
30 g de farine
1 cuiller à soupe d'huile d'olive Lesieur
1 verre de vin blanc sec
1 cuiller à café de curry
Sel, poivre et persil

La lotte au curry : recette très simple à réaliser en 25 mn.

JOUES DE LOTTES A L'AIL DOUX

Epluchez l'ail.

Ouvrez les gousses en deux pour ôter le germe réputé indigeste.

Plongez ces gousses d'ail 8 mn dans l'eau bouillante salée. Egouttez-les ensuite sur un papier absorbant.

Dans une poêle, faites fondre le beurre et mettez-y à dorer les joues de lottes et les gousses d'ail pendant 7 mn en remuant souvent.

Salez, poivrez et parsemez de persil.

Considérées comme un ''abat'' de poisson, les joues de lottes figurent parmi les chairs les plus délicates qui soient.

Notons que le pluriel que nous accordons au mot ''lottes'' est dû au fait que, sitôt que l'on prélève plus de 2 joues... il faut au moins 2 lottes ! Mais les grammairiens n'ont pas toujours la logique des cuisiniers...

———————

JOUES DE LOTTES
A L'AIL DOUX

Pour 4 personnes :
Préparation : 10 mn
Cuisson : 15 mn
Ingrédients :
600 g de joues de lottes
12 gousses d'ail
75 g de beurre
Persil haché
Sel, poivre

Les joues de lottes à l'ail doux : recette simple à réaliser en
25 mn.

HADDOCK AUX POIREAUX

Disposez le haddock dans une casserole. Couvrez avec le lait et faites cuire 10 mn à petits frémissements.

Epluchez les poireaux et faites-les cuire 12 mn à la vapeur.

Retirez le haddock du lait quand il est cuit. Réservez-le au chaud.

Filtrez le lait.

Dans une casserole, faites fondre le beurre, ajoutez la farine, mouillez avec la moitié du lait. Ajoutez le poivre rose et laissez cuire 5 mn. Ajoutez la crème fraîche.

Dressez le haddock sur un plat de service avec les poireaux bien égouttés autour et nappez le tout de sauce.

Attention au sel dans cette recette ! N'en rajoutez pas car le haddock apportera une salinité bien suffisante.

Un conseil : goutez le lait avant de l'utiliser pour préparer la sauce et s'il vous paraît trop salé, n'hésitez pas à le couper avec un peu de lait frais.

HADDOCK
AUX POIREAUX

Pour 4 personnes :
Préparation : 15 mn
Cuisson : 27 mn
Ingrédients :
500 g de haddock
500 g de poireaux
1/4 l de lait
50 g de beurre
1 cuiller à soupe de farine
150 g de crème fraîche
Poivre rose

Le haddock aux poireaux : recette très simple à réaliser en 42 mn.

PUDDING D'ÉGLEFIN

Hachez le poisson au couteau.

Epluchez et hachez l'oignon et les tomates.

Dans une cocotte, faites fondre le beurre, ajoutez l'oignon, les tomates, le poisson, sel et poivre.

Faites cuire 8 mn à feu doux.

Ajoutez ensuite la mie de pain, les œufs et les olives. Mélangez bien.

Préchauffez le four à 180° (th-6)

Versez le mélange dans un moule à charlotte beurré.

Faites cuire pendant 1 heure au four au bain-marie.

Conservez au réfrigérateur une nuit et démoulez froid.

Délicieux en entrée ou lors d'un buffet froid avec une bonne mayonnaise et une salade verte.

———

PUDDING D'ÉGLEFIN

Pour 4 personnes :
Préparation : 20 mn
Cuisson : 1 h 08 mn
Ingrédients :
600 g d'églefin
1 gros oignon
75 g de beurre
2 tomates
75 g de mie de pain
3 œufs
75 g d'olives dénoyautées
Sel et poivre

Le pudding d'églefin : recette cordon-bleu à réaliser en 1 h 28 mn.

RAGOÛT DE CABILLAUD

Coupez le cabillaud en gros cubes.

Epluchez et émincez les pommes de terre et les oignons.

Hachez l'ail.

Dans une sauteuse, faites cuire 3 mn le bacon coupé en lanières.

Ajoutez les pommes de terre, l'oignon, l'ail, sel et poivre.

Versez le bouillon et faites cuire 15 mn à couvert.

Ajoutez le poisson et continuez la cuisson 10 mn.

2 mn avant la fin de la cuisson, incorporez la crème fraîche et découvrez la sauteuse.

Le mariage du cabillaud (morue fraîche), de la pomme de terre et de l'ail est depuis longtemps apprécié, ne serait-ce que dans la célèbre brandade de morue.

Plus léger et plus digeste, ce ragoût enchantera toute la tablée.

RAGOÛT
DE CABILLAUD

Pour 4/5 personnes :
Préparation : 12 mn
Cuisson : 28 mn
Ingrédients :
750 g de cabillaud
4 tranches de bacon
1 oignon
3 pommes de terre
2 gousses d'ail
1/2 l de bouillon
2 cuillers à soupe de crème fraîche
Sel et poivre

Le ragoût de cabillaud : recette simple à réaliser en 40 mn.

RAIE AU FROMAGE

Dans une cocotte, mettez la raie, mouillez avec le lait, ajoutez le beurre, la farine, les clous de girofle, l'ail, thym, laurier, sel et poivre.

Portez à ébullition et laissez cuire 5 mn.

Sortez la raie, mettez-la dans un plat à gratin beurré.

Préchauffez le four à 210° (th-7).

Filtrez le jus de cuisson et faites-le réduire d'une bonne moitié.

Disposez sur les ailes de raie les oignons, versez le jus de cuisson réduit, parsemez de gruyère râpé et enfournez pour 10 mn.

Généralement connue préparée au beurre noir, la raie trouve ici une préparation plus digeste et tout aussi savoureuse.

RAIE AU FROMAGE

Pour 4 personnes :
Préparation : 10 mn
Cuisson : 15 mn
Ingrédients :
4 morceaux d'ailes de raie de 250 g chacun
15 g de beurre
1/4 l de lait
1 cuiller à café de farine
2 clous de girofle
1 gousse d'ail
150 g de gruyère râpé
1/2 pot de petits oignons grelots
Thym, laurier, sel et poivre

La raie au fromage : recette simple à réaliser en 25 mn.

Arrosez les tranches de poisson avec le jus de citron.

Emincez l'oignon, hachez l'ail.

Coupez les tomates en quartiers.

Faites chauffer l'huile d'olive Lesieur dans une poêle. Ajoutez les oignons, faites-les cuire 2 mn.

Ajoutez les tomates, l'ail, le poisson. Versez le bouillon. Assaisonnez avec sel et poivre.

Couvrez et faites cuire 12 mn, puis encore 3 mn à découvert.

Souvent délaissé par certains, sans doute à cause de sa réputation de redoutable carnassier, le congre n'en est pas moins un excellent poisson à la chair savoureuse et d'agréable texture.

CONGRE
AUX TOMATES

Pour 4 personnes :
Préparation : 10 mn
Cuisson : 17 mn
Ingrédients :
4 tranches de congre un peu épaisses
1 jus de citron
2 oignons
4 tomates
1/4 l de bouillon de poule
2 gousses d'ail
1 cuiller à soupe d'huile d'olive Lesieur
Sel et poivre

Le congre aux tomates : recette très simple à réaliser en 27 mn.

COLIN AU GROS SEL

Coupez le poisson en petits morceaux.

Tapissez le fond d'un plat de gros sel. Disposez dessus les morceaux de colin et recouvrez de gros sel.

Laissez ainsi pendant 1 heure.

Dans une casserole, versez 1/2 l d'eau. Ajoutez l'ail, le poivron émincé et le jus d'orange. Portez à ébullition.

Lavez les morceaux de colin et mettez-les dans la casserole. Portez de nouveau à ébullition et laissez cuire 5 mn.

Egouttez le poisson et servez avec un simple filet de citron et le poivron en garniture.

Un plat de pâtes fraîches accompagne délicieusement cette recette de colin.

COLIN AU GROS SEL

Pour 4 personnes :
Préparation 10 mn - Marinage : 1 h
Cuisson : 5 mn
Ingrédients :
1 kg de colin
1 kg 500 de gros sel
1 jus d'orange
1 poivron jaune
2 gousses d'ail

Le colin au gros sel : recette très simple à réaliser en 15 mn.

FILETS DE FLÉTAN A L'ORIENTALE

Emincez les poivrons et les oignons.

Faites chauffer l'huile d'olive Lesieur dans une poêle. Quand elle est bien chaude, ajoutez le poisson et faites-le cuire 4 mn de chaque côté. Salez et poivrez.

Pendant ce temps dans une autre poêle, faites fondre le beurre et ajoutez les légumes, sel, poivre et persil haché, laissez cuire 5 mn.

Disposez les filets de flétan sur un plat de service, versez dessus les légumes et servez.

Très apprécié des nord-Américains, le flétan qu'ils nomment "halibut" était un poisson peu connu des Français jusqu'à ces dernières années. Heureusement on commence à le trouver sous forme de filets (car c'est une bête énorme !) dans la plupart des hypermarchés et dans bien des poissonneries. Vous découvrirez vite qu'il s'agit de l'un des poissons les plus exquis qui soient !

FILETS
DE FLÉTAN
À L'ORIENTALE

Pour 4 personnes :
Préparation : 15 mn
Cuisson : 13 mn
Ingrédients :
750 g de filets de flétan
30 g de beurre
2 cuillers à soupe d'huile d'olive Lesieur
1 poivron rouge
1 poivron vert
2 oignons
Persil, sel, poivre de cayenne

Les filets de flétan à l'orientale : recette très simple à réaliser en 28 mn.

ROUSSETTE AUX BETTES

Pochez quelques secondes les feuilles de bettes dans l'eau bouillante salée.

Egouttez-les bien et hachez-les.

Epluchez et hachez les tomates et l'oignon.

Préchauffez le four à 210° (th-7).

Tapissez le fond d'un plat à gratin beurré de la moitié des feuilles de bettes, des tomates et de l'oignon.

Disposez dessus le poisson. Couvrez avec le reste des bettes, de l'oignon et des tomates. Salez et poivrez. Aspergez d'huile d'olive Lesieur et enfournez pour 15 mn.

Baissez le four à 180° (th-6) et continuez la cuisson 30 mn.

15 mn avant la fin de la cuisson, ajoutez le vin blanc. Parfois appelée saumonnette, non sans l'arrière-pensée de créer la confusion avec le saumon, la roussette n'est pas un poisson de premier choix. Mais c'est un excellent poisson de tous les jours. Cette recette permet de la valoriser en rehaussant sa saveur en peu fade et en mettant en avant sa texture tout à fait plaisante.

———————

ROUSSETTE
AUX BETTES

Pour 4 personnes :
Préparation : 15 mn
Cuisson : 45 mn
Ingrédients :
850 g de roussette
1 kg de feuilles de bettes
2 tomates
1 oignon
6 cuillers à soupe d'huile d'olive Lesieur
1/2 verre de vin blanc
Sel et poivre

La roussette aux bettes : recette très simple à réaliser en 60 mn.

BROCHETTES DE POISSONS PANACHÉS

Dans un grand saladier, préparez la marinade avec le jus de citron, safran, huile d'olive Lesieur, romarin, thym, laurier, sel et poivre.

Faites mariner les poissons coupés en morceaux et les crevettes, pendant 1 h au réfrigérateur.

Egouttez les poissons et les crevettes et entourez-les d'une tranche de bacon.

Enfilez les morceaux de poissons et les crevettes sur des brochettes, en alternant rondelles de tomate et d'oignon.

Badigeonnez les brochettes d'un peu de marinade et faites cuire dans une poêle ou en barbecue 6 mn en les retournant sans cesse.

Saupoudrez de persil au moment de servir.

Délicieux plat unique pour peu qu'on l'accompagne d'un bon riz créole !

———

BROCHETTES DE POISSONS PANACHÉS

Pour 4 personnes :
Préparation : 30 mn – Marinade : 1 h
Cuisson : 6 mn
Ingrédients :
800 g de filets de poissons
(daurade, saumon, maquereau...)
8 grosses crevettes roses
Fines tranches de bacon
(autant que de morceaux de poissons)
6 cuillers à soupe d'huile d'olive Lesieur
4 tomates, 4 gros oignons
2 jus de citron
Persil, thym, romarin, safran, laurier, sel et poivre

Les brochettes de poissons panachés : recette simple à réaliser en 36 mn.

Passez au mixer les filets d'anchois et une douzaine de feuilles de basilic ainsi que l'huile d'olive Lesieur.

Remplissez d'eau le bas du cuit-vapeur et faites bouillir.

Videz les rougets et essuyez-les bien.

Poivrez-les sur chaque face.

Posez une feuille d'aluminium sur la grille du cuit-vapeur.

Disposez les poissons sur cette feuille et nappez-les du mélange anchois/basilic.

Intercalez des feuilles entières de basilic entre les poissons.

Recouvrez avec une feuille d'aluminium pour former une grosse papillote.

Couvrez le cuit-vapeur et laissez cuire 8 mn.

Ouvrez la feuille d'aluminium sur la table et laissez se libérer une délicieuse bouffée de Méditerranée qui enchantera vos narines avant votre palais !

ROUGETS AU BASILIC À LA VAPEUR

Pour 4 personnes :
Préparation : 20 mn
Cuisson : 8 mn
Ingrédients :
12 petits rougets
4 cuillers à soupe d'huile d'olive Lesieur
4 filets d'anchois
6 branches de basilic
Poivre

Les rougets au basilic à la vapeur : recette simple à réaliser en
28 mn.

TERRINE DE ROUGETS

Lavez les filets des poissons après les avoir vidés.

Hachez-les au mixer, avec 3 brins de basilic et 2 d'estragon.

Dans un saladier, mélangez la chair des poissons, les herbes, les blancs d'œufs, salez et poivrez. Ajoutez la crème et quelques baies roses.

Préchauffez le four à 210° (th-7).

Versez la préparation dans un moule à cake beurré, couvrez d'un papier d'aluminium huilé.

Enfournez pour 1 h au bain-marie.

Laissez refroidir et démoulez.

Ce plat se déguste avec un coulis de tomates ou une sauce à base de crème, de citron et d'herbes fraîches.

TERRINE DE ROUGETS

Pour 6 personnes :
Préparation : 20 mn
Cuisson : 1 h
Ingrédients :
1 kg de rougets grondins
3 blancs d'œufs
1/4 l de crème
Basilic, estragon
Sel, poivre et baies roses

La terrine de rougets : recette cordon-bleu à réaliser en
1 h 20 mn.

THON AUX ANCHOIS

Egouttez les anchois et piquez-les dans la rondelle de thon.

Epluchez et émincez les carottes et l'oignon.

Dans une cocotte, faites chauffer l'huile d'olive Lesieur, ajoutez les carottes, l'oignon et le thon. Couvrez la cocotte et laissez cuire 10 mn à feu très doux.

Retournez le thon et disposez autour les cœurs de laitue, salez et poivrez.

Couvrez de nouveau, après avoir versé le jus de citron et le vin blanc. Continuez la cuisson à couvert pendant 20 mn, en retournant de temps en temps les laitues.

Dressez la rondelle de thon sur un plat de service entourée des légumes. Nappez avec le jus de cuisson.

Braisé ainsi, à la façon d'un rôti de veau, le thon mérite plus que jamais son appellation de viande de la mer !

THON AUX ANCHOIS

Pour 4 personnes :
Préparation : 15 mn
Cuisson : 30 mn
Ingrédients :
750 g de thon en une seule épaisse rondelle
1 boîte d'anchois
4 cuillers à soupe d'huile d'olive Lesieur
1 oignon
1 jus de citron
4 petites carottes
4 cœurs de laitue
20 cl de vin blanc

Le thon aux anchois : recette assez simple à réaliser en 45 mn.

BROCHETTES DE THON AU CONCOMBRE

Coupez le thon en cubes de 4 cm de coté environ.

Pelez, épépinez et coupez le concombre en morceaux de la même taille.

Mélangez le vin, le soja, le sucre et 30 g de beurre fondu.

Disposez dans un saladier les concombres, le thon et versez la sauce dessus.

Laissez mariner 1 h au réfrigérateur.

Enfilez les morceaux de thon et de concombres sur des brochettes, en les alternant.

Faites chauffer le reste de beurre dans une poêle et faites dorer les brochettes pendant 5 mn, en les retournant et en les arrosant souvent de marinade.

Salez et poivrez en fin de cuisson. Ne salez surtout pas la marinade car le sel ferait sortir l'eau du thon ce qui le rendrait sec à la cuisson.

Certains pourront poursuivre un peu la cuisson, s'ils aiment le thon bien cuit, mais ce serait dommage. Au contraire, les vrais amateurs de ce poisson-viande l'apprécient à peine cuit et réduiront le temps de cuisson à 3 mn. Le thon sera alors extraordinairement moelleux.

Quant au concombre, il est surtout présent pour maintenir l'humidité du thon durant la cuisson et pour en parfumer la chair. Vous pouvez ne pas le manger...

BROCHETTES
DE THON
AU CONCOMBRE

Pour 6 personnes :
Préparation : 20 mn - Marinade : 1 h
Cuisson : 5 mn
Ingrédients :
1 kg de thon
1 beau concombre
10 cl de vin blanc sec
3 cuillers à soupe de soja
1 cuiller à café de sucre
60 g de beurre

Les brochettes de thon au concombre : recette simple à réaliser en 25 mn.

FONDUE BRETONNE

Faites lever les filets de poissons par votre poissonnier, mais conservez les parures et arêtes.

Préparez un court bouillon en faisant cuire 30 mn, 2 l d'eau avec le vin blanc, les parures et arêtes de poissons, les échalotes, le bouquet garni, sel et poivre.

Découpez les filets de poissons en gros morceaux, comme vous le feriez de viande pour une friture bourguignonne.

Filtrez le court bouillon dans un poêlon.

Disposez le poêlon au milieu de la table sur un réchaud pour maintenir le liquide à frémissement.

Chaque personne trempe un morceau de poisson dans ce court-bouillon et le cuit suivant son goût.

Toutes les sauces habituelles pour fondue peuvent être proposées avec celle-là, mais pour plus de diététique et de légèreté, jus de citron, sauce soja et nuoc-mâm réhausseront parfaitement la saveur des bouchées de poissons.

FONDUE BRETONNE

Pour 6 personnes :
Préparation : 15 mn
Cuisson : 30 mn
Ingrédients :
2 kg de filets de poissons
(cabillaud, maquereau, lotte, daurade, etc)
Bouquet garni
4 échalotes
1 bouteille de vin blanc sec
Poivre, sel

La fondue bretonne : recette simple à réaliser en 45 mn.

Idées recettes

Savoir préparer

Les cocktails
Les cocktails exotiques
The american cocktails
Les buffets
Les terrines et pâtés
Les salades – nouvelles recettes
Les œufs
Les sauces
Les soupes et potages
Les coquillages et crustacés
Les poissons – nouvelles recettes
Les poissons de mer
Les poissons de rivières
Les légumes – nouvelles recettes
Les pâtes
Les viandes – nouvelles recettes
Les entrées – nouvelles recettes
Les grillades et brochettes
Les volailles – nouvelles recettes
Les fondues et raclettes
Les pommes de terre
Les champignons
Les tartes salées et sucrées
Les entremets
Les desserts
Les pâtisseries – nouvelles recettes
Les crêpes
La crème
Le chocolat
La cuisine aux micro-ondes
La cuisine pour maigrir
La cuisine à la vapeur
La cuisine pas chère
La cuisine à l'huile d'olive
Savoir déguster les fromages
Savoir déguster les vins
Une cocktail party

Idées recettes du monde entier

Savoir préparer

La cuisine américaine
La cuisine russe
La cuisine chinoise
La cuisine d'Afrique du Nord
La cuisine juive d'Afrique du Nord
La cuisine italienne
La cuisine créole

Impression et reliure
Pollina s.a., 85400 Luçon - n° 80791 C